2010

POP & ROCK
SHEET MUSIC

PlayList

SONGS THAT MADE THE YEAR!

Alfred

Produced by
Alfred Music Publishing Co., Inc.
P.O. Box 10003
Van Nuys, CA 91410-0003
alfred.com

Printed in USA.

ISBN-10: 0-7390-7582-9
ISBN-13: 978-0-7390-7582-1

 Alfred Cares. Contents printed on 100% recycled paper.

CONTENTS

CONTENTS

AIRPLANES

Words and Music by
JUSTIN FRANKS, TIM SOMMERS,
JEREMY DUSSOLLIET, BOBBY RAY SIMMONS
and ALEX GRANT

And when your plans unravel,   and they sayin' what would you wish for   *if you had one chance?*

So airplane, airplane, sorry I'm late.   *I'm on my way, so don't close that gate.*

If I don't make that, then I'll switch my flight,   *and I'll be right back at it by the end of the night.*

Can we pre-tend that__

Chorus:

air - planes__ in the night sky__ are like shoot-ing stars?__   I could real - ly use a

Verse 2 (rap):
Somebody take me back to the days
Before this was a job, before I got paid,
Before it ever mattered what I had in my bank.
Yeah, back when I was tryin' to get a tip at Subway,
And back when I was rappin' for the hell of it.
But now-a-days, we rappin' to stay relevant.
I'm guessin' that if we can make some wishes outta airplanes,
Then maybe, yo, maybe I'll go back to the days
Before the politics that we call the rap game,
And back when ain't nobody listened to my mix tape,
And back before I tried to cover up my slang.
But this is for Decatur, what's up, Bobby Ray?
So can I get a wish to end the politics
And get back to the music that started this sh**?
So here I stand, and then again I say,
I'm hopin' we can make some wishes outta airplanes.
(To Chorus:)

ANIMAL

Words and Music by
TIM PAGNOTTA, TYLER GLENN,
BRANDEN CAMPBELL, ELAINE DOTY
and CHRISTOPHER ALLEN

Fast rock ♩ = 144

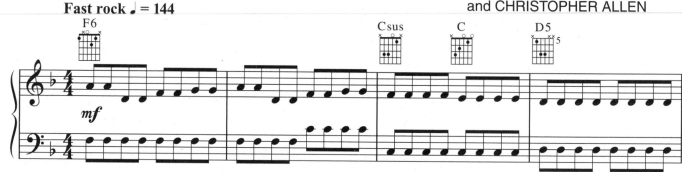

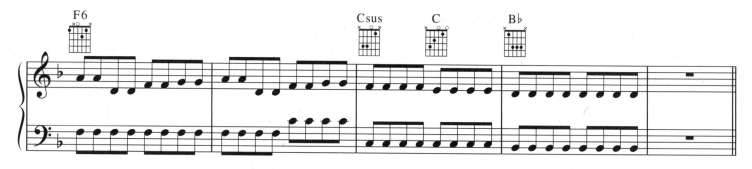

Verse 1:

1. Here we go a - gain.＿＿＿＿ I kind-a wan-na be more than friends,＿＿＿ so take it eas-y on me.

I'm a - fraid you're nev - er sat - is - fied.　　　　Here we go a - gain.＿＿

Animal - 7 - 1

DYNAMITE

Words and Music by
BONNIE McKEE, TAIO CRUZ,
LUKASZ GOTTWALD, MAX MARTIN
and BENJAMIN LEVIN

Moderate dance ♩ = 116

Dynamite - 5 - 1

BABY

Words and Music by
TERIUS NASH, CHRISTOPHER STEWART,
CHRISTINE FLORES, CHRISTOPHER BRIDGES
and JUSTIN BIEBER

24

just friends?__ What are you say - in'?___ Said there's an -

shake me till you wake me from this bad dream._____ I'm

oth - er____ and looked right in my eyes. My first____

go - ing down, down, down, down.___ And I just

love broke my heart for the first_____ time, and I was like...

can't be - lieve____ my first love_____ won't be a - round and I'm like...

Chorus:

Ba - by, ba - by, ba - by, oh, like, ba - by, ba - by, ba -

by, no, like, ba - by, ba - by, ba - by, oh,____

thought you'd al - ways be mine,____ mine.____

Ba - by, ba - by, ba - by, oh, like, ba - by, ba - by, ba -

Now, I'm_____ all gone._____ Now, I'm_____ all gone._____

Yeah, yeah,_____ yeah. Yeah, yeah,_____ yeah. Yeah, yeah,_____ yeah. Gone,_____

_____ I'm_____ gone._____

_____ gone,_____ gone,_____ gone._____

molto rit.

Rap:
Luda!
When I was thirteen, I had my first love.
There was nobody that compared to my baby.
And nobody came between us,
Or could ever come above.
She had me going crazy,
Oh, I was starstruck.
She woke me up daily,
Don't need no Starbucks.
She made my heart pound
And skip a beat when I see her in the street,
And at school, on the playground.
But I really wanna see her on a weekend.
She knows she got me dazing,
'Cause she was so amazing.
And now, my heart is breakin',
But I just keep on sayin'…
(To Chorus:)

BITTERSWEET

Words and Music by
CLAUDE KELLY, CHUCK HARMON
and MICHAEL MENTORE

Bittersweet - 6 - 1

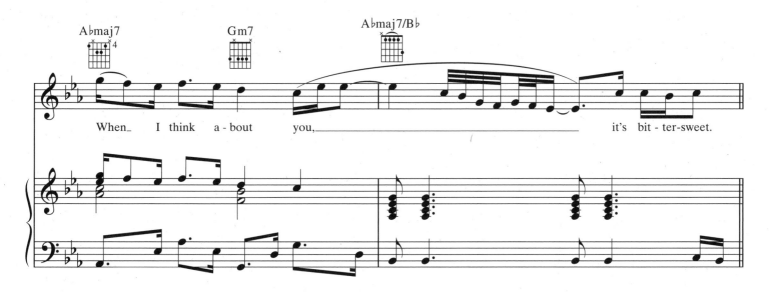

When_ I think a - bout you,_____ it's bit - ter-sweet.

My love,__ my love, my love, it's bit - ter-sweet.

(Lead vocal ad lib. repeat and fade)

Repeat ad lib. and fade

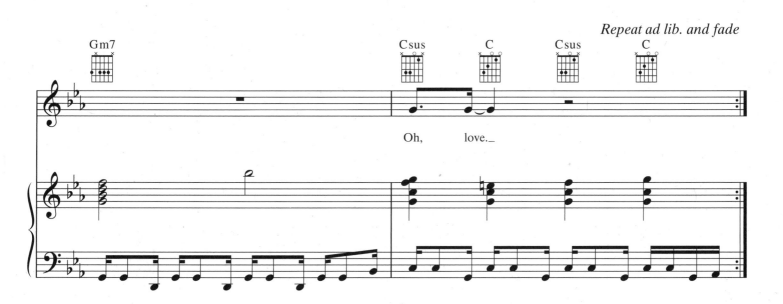

Oh, love._

BRICK BY BORING BRICK

Words and Music by
HAYLEY WILLIAMS and JOSH FARRO

Fast metal rock ♩ = 152

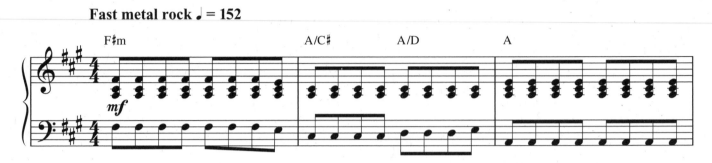

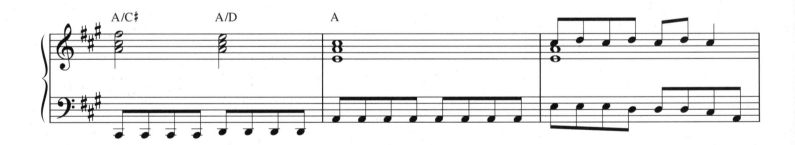

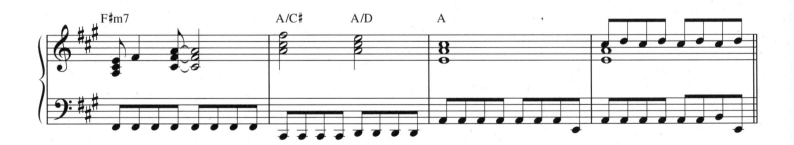

Brick By Boring Brick - 8 - 1

Verse 1 (sing 1st time only):

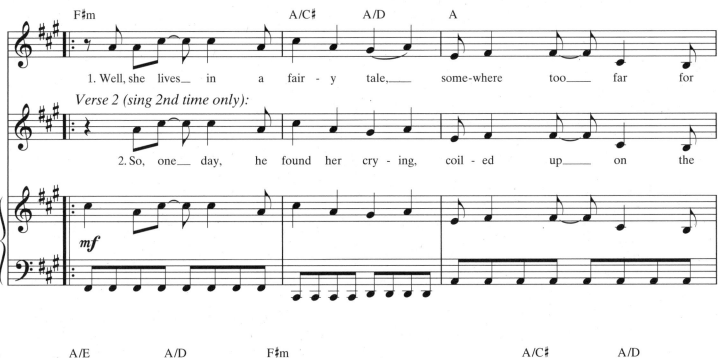

1. Well, she lives__ in a fair-y tale,___ some-where too__ far for

Verse 2 (sing 2nd time only):

2. So, one__ day, he found her cry-ing, coil-ed up__ on the

us to find. For - got - ten the taste and smell___

dirt - y ground. Her prince__ fi - n'lly came to save her,

of a world__ that she's left be - hind. It's_____ all a -

and the rest__ you can__ fig-ure out.__ But it_____ was a trick,__

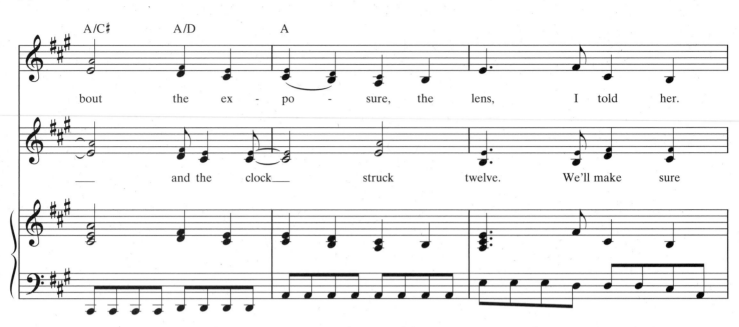

bout the ex - po - sure, the lens, I told her.

___ and the clock___ struck twelve. We'll make sure

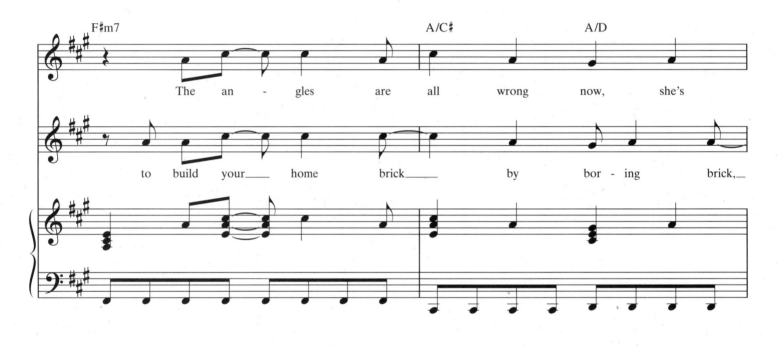

The an - gles are all wrong now, she's

to build your___ home brick___ by bor - ing brick,___

rip - ping wings___ off of but - ter - flies.

___ or the wolf's___ gon - na blow it down.

Pre-chorus:

Keep your feet on the ground__
(Keep your feet on the ground__

when your head's in the clouds.__
when your head's in the clouds.__)

Well, go__

Chorus:

__ get your shov - el,_____ and we'll__ dig a deep hole_____ to

bur - y__ the cas - tle,__ bur - y__ the cas - tle.__ Go__

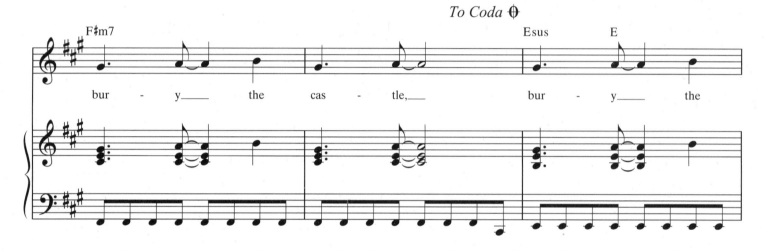

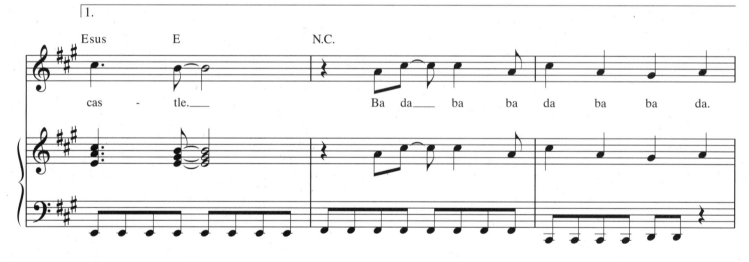

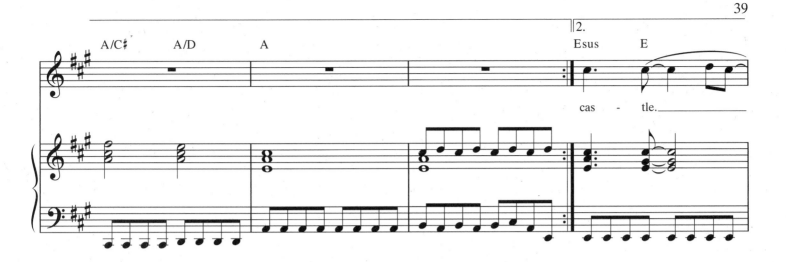

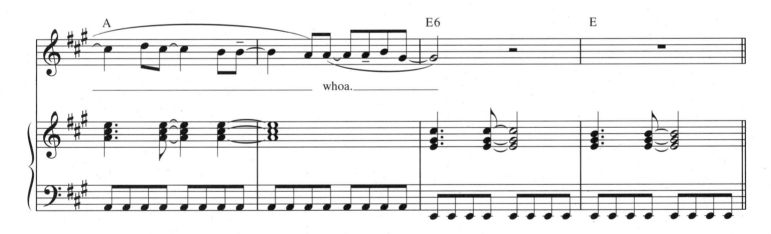

Bridge:

Yeah, you built_ up a world of mag - ic._____ If it's

not real, you can't hold it in__ your hand,__ you can't feel it with__ your heart.

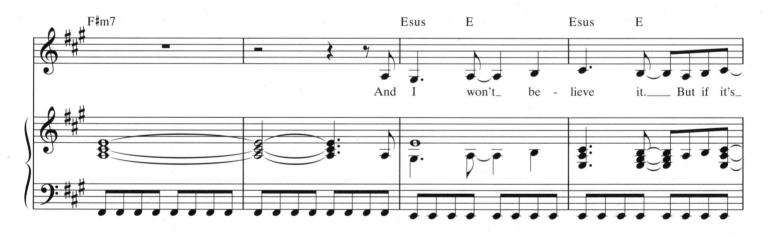

And I won't_ be - lieve it.___ But if it's_

___ true, you can see it with__ your eyes,___ oh, e - ven in___ the dark.

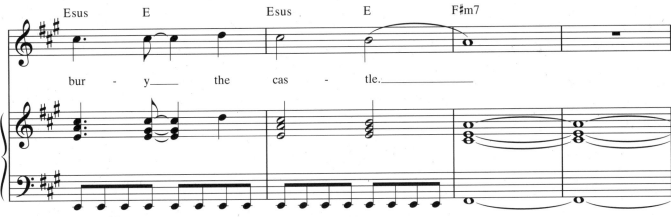

CALIFORNIA GURLS

Words and Music by
KATY PERRY, LUKASZ GOTTWALD,
MAX MARTIN, BONNIE MCKEE,
BENNY BLANCO and CALVIN BROADUS

44

for - nia_____ girls._____ Cal - i - for - nia,_____

Snoop: *California girls, man.*

Cal - i - for - nia_____ girls._____

(Synth.)

Snoop rap:
Toned, tan,
Fit and ready.
Turn it up 'cause it's getting heavy.
Wild, wild West Coast,
These are the girls I love the most.
I mean the ones,
I mean, like she's the one.
Kiss her, touch her, squeeze her buns.

The girl's a freak,
She drive a Jeep,
And live on the beach.
I'm okay, I won't play.
I love the bait,
Just like I love LA.
Venice Beach and Palm Springs,
Summertime is everything.

Homeboys bangin' out.
All that a** hangin' out.
Bikinis, zucchinis, martinis,
No weenies,
Just a king and a queenie.
Katy, my lady. (Yeah.)
Lookie here, baby.
I'm all up on ya,
'Cause you're representin' California.
(To Chorus:)

HALFWAY GONE

Words and Music by
JASON WADE, KEVIN RUDOLF,
JUDE COLE and JACOB KASHER

Halfway Gone - 5 - 1

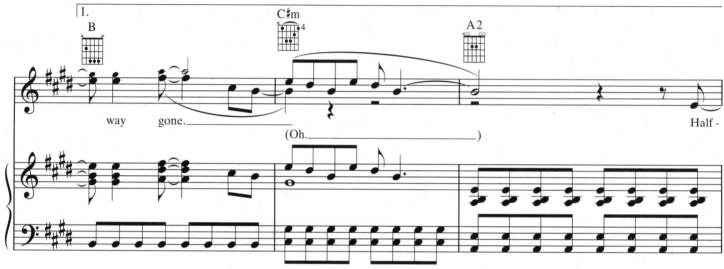

ing this way__ 'cause you're half - way in,__ but don't take__ too long,__ 'cause I'm half-

way gone,_ I'm half - way gone._____ (Oh.____

__) { I'm half - way gone,_ I'm half - way } gone.____
{ 'Cause I'm half - way gone,_ yeah, I'm half - way }

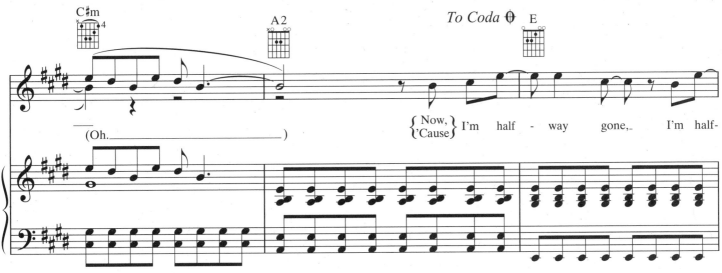

(Oh._____) { Now, } I'm half - way gone,_ I'm half-
{ 'Cause }

To Coda

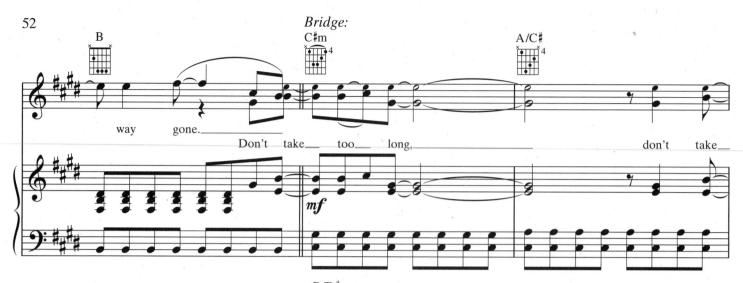

Bridge:

way gone._____ Don't take__ too__ long,_____ don't take__

__ too__ long._____ 'Cause I'm on__ my__ way_____
(Oh._____)

D.S. ℅ al Coda

___ if you take__ too__ long._____ 'Cause I'm half -
(Oh._____)

Coda

way gone,__ yeah, I'm half - way gone._____

THE HIGH ROAD

Words and Music by
JAMES MERCER and BRIAN BURTON

Moderate hip-hop beat ♩ = 80

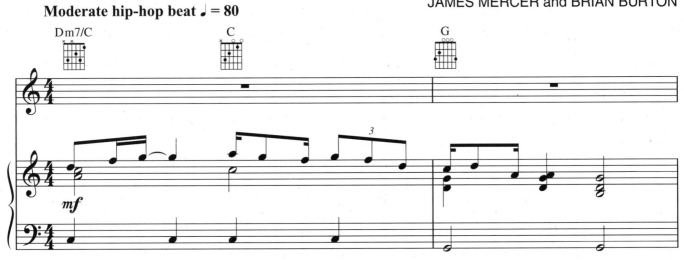

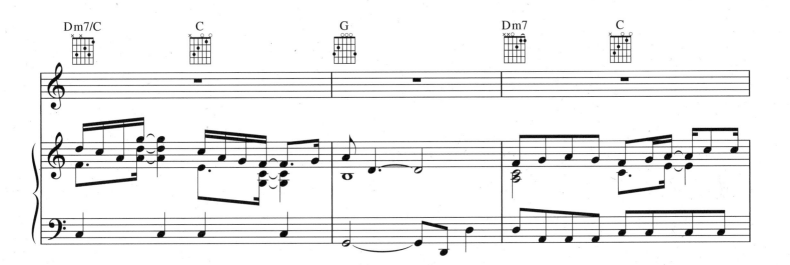

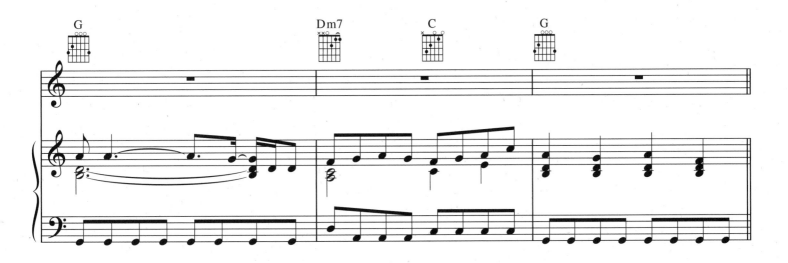

The High Road - 5 - 1

Verse:

1. We're down_ to wait_ all night._ She's bound_ to run_ a-mok._
2. The dawn_ to end_ all nights; that's all_ we hoped_ it was,_

___ In-vest-ed e-nough_ in it an-y-how._ To each_ his own._
___ a break_ from the war-fare in_ your house._ To each_ his own._

The gar-den needs sort-ing out._ She curls_ her lips on the bow,_
The sol-dier is bail-ing out_ and curled_ his lips on the bow,_

___ and I_ don't know_ if I'm dead_ or not,_ to an-y-one._
and I_ don't know_ if the dead_ can talk_ to an-y-one._

Chorus:

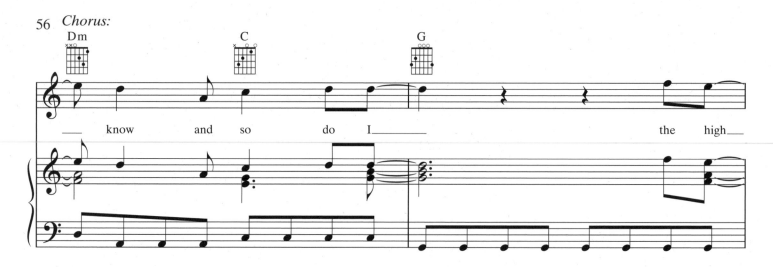

know and so do I____ the high____

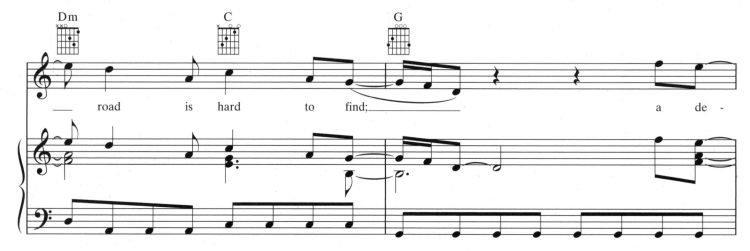

road is hard to find;_____ a de-

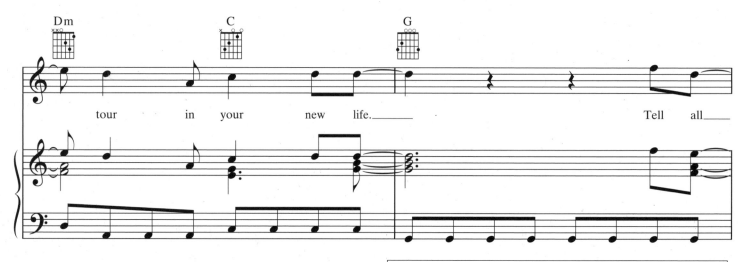

tour in your new life._____ Tell all____

of your friends good - bye._____

HAVEN'T MET YOU YET

Words and Music by
MICHAEL BUBLÉ, ALAN CHANG
and AMY FOSTER

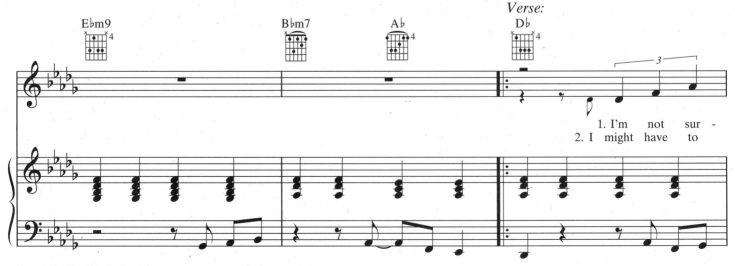

1. I'm not sur-
2. I might have to

Haven't Met You Yet - 8 - 1

prised, not ev - 'ry-thing lasts. I've bro-ken my heart___ so man - y times,___ I've stopped
wait. I'll nev - er give up. I guess it's half tim - ing___ and the oth - er half's

keep-ing track. Talk my - self in, I talk my - self out, I get all worked up,___
luck. Wher - ev-er you are, when-ev - er it's right, you'll come out of no -

___ then I let___ my - self down.___ I tried so ver - y hard not to lose it.
where and in - to my life.___ And I know that we can be so a - maz - ing.

I came up with a mil - li - on ex - cus - es. I thought I___ thought of
And, ba - by, your___ love is gon - na change me. And now I___ can see

60

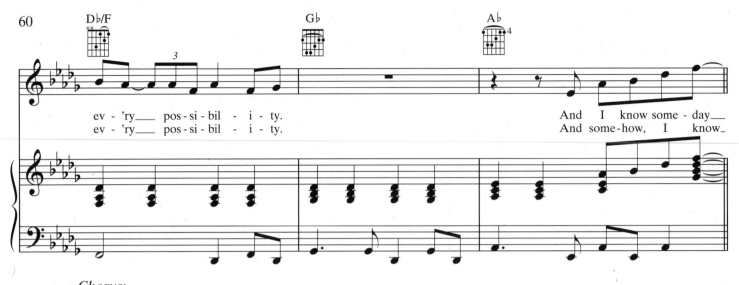

Chorus:

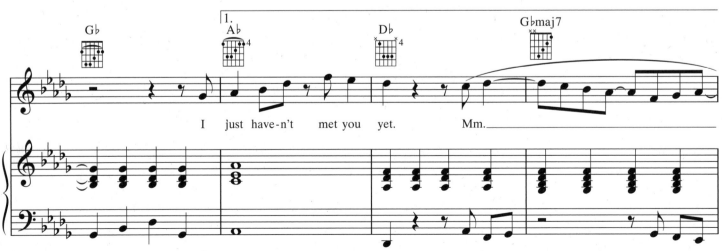

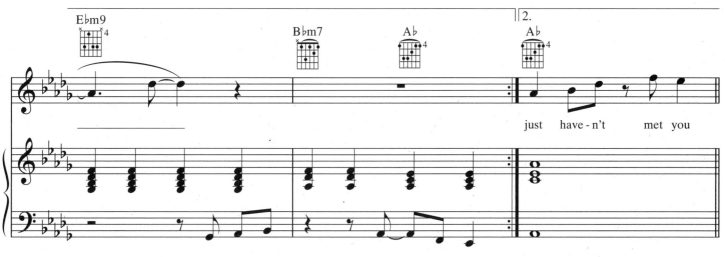

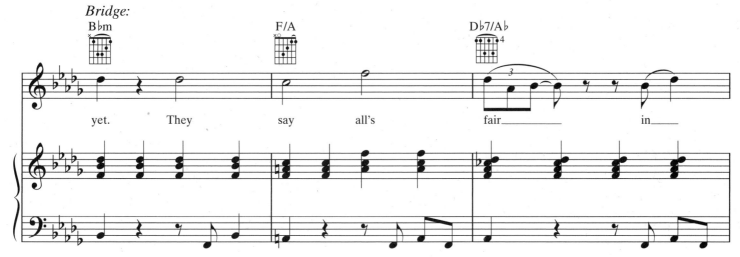

Bridge:

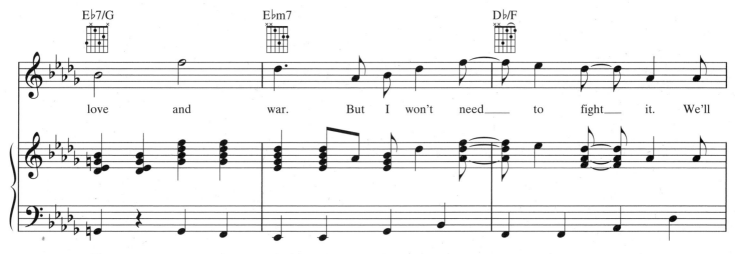

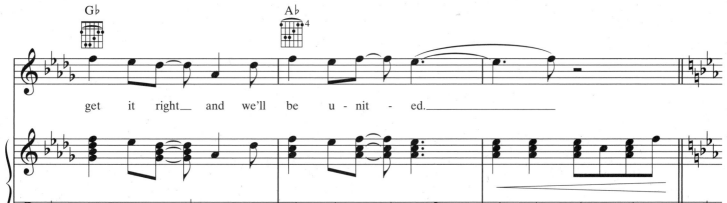

it - 'll all___ turn out.___ And you'll make me work___ so we can work_ to work it out._

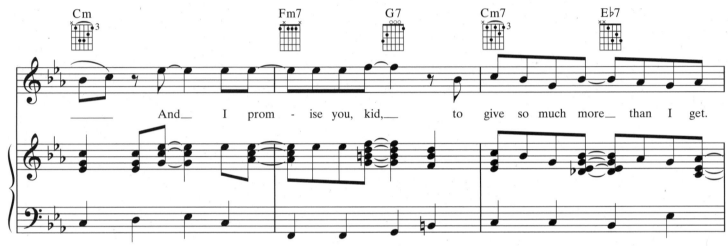

___ And___ I prom - ise you, kid,___ to give so much more___ than I get.

Yeah,___ I just have - n't met you yet.

I just have - n't met you

yet.   Oh,   I   prom-ise you, kid,___   to give so much more_ than I get._

___   (I said,   love,   love,   love,   love,

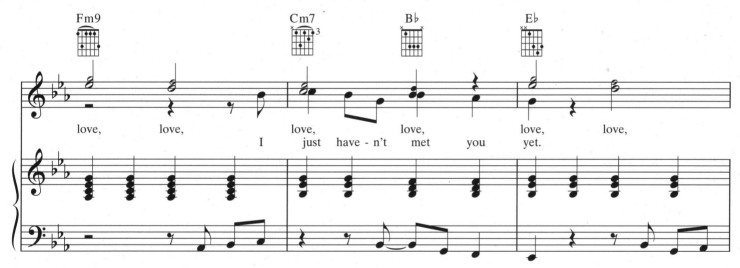

love,   love,   I   just have-n't met   you   yet.   love,   love,

love,   love,   love,   love.)   I   just have-n't met   you   yet.

HOLLYWOOD

Words and Music by
MICHAEL BUBLÉ and ROBERT G. SCOTT

Chorus:

So don't fly high - er for your fi -

re. Put it in your head, ba - by, Hol - ly - wood is

dead, you can find it in your - self._____

Interlude:

Na, na, na - na - na - na.____ Keep it in your head, Hol - ly - wood is dead.

Verse 3:

3. Well, you can do the mon - ey tan - go,___

or you can start your lit - tle band.___ You can swing___

___ from vine to vine while the cut - ies wait in line with the mon - ey in their hands.___

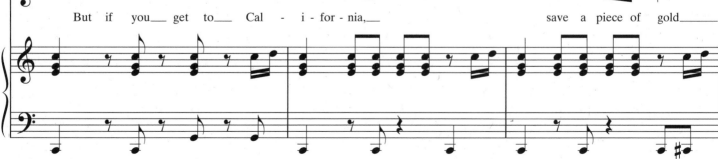

But if you___ get to___ Cal - i - for - nia,___ save a piece of gold___

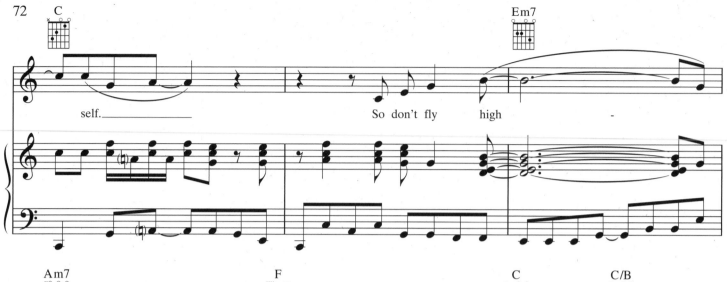

self._____ So don't fly high

er for your fi - re. Put it in your

head, ba - by, Hol - ly-wood is dead, you can find it in your - self._____

Keep on lov - in' what is true and the world will come to you, you can find it in your-

KISSIN U

Words and Music by
CLAUDE KELLY, LUKASZ GOTTWALD
and MIRANDA COSGROVE

And all the ques-tions I've been ask - ing in my head,___

like... Are you the one?_____ Should I real-ly trust?__

___ Crys-tal clear it be - comes_____ when I'm kiss-in' you.   _____ when I'm kiss-in' you.

Bridge:

I've_____ nev - er felt_____ noth - ing like_____ this.

IF I DIE YOUNG

Words and Music by
KIMBERLY PERRY

*All vocals written at pitch.

If I Die Young - 8 - 1

Chorus:

time.   2. And I'll be wear-ing white   when I come__ in-to your king-dom. I'm as

green as the ring on my lit-tle cold fin-ger. I've   nev-er known__ the lov - ing of a man, but it

sure felt nice when he was hold-ing my hand. There's a   boy here in town, says he'll   love me for-ev-er.

Who would have thought for-ev - er could be sev-ered by____ the sharp__ knife   of a short__ life.__

Well, I've_____ had____ just e - nough time.__

So put on your best__ boys and I'll wear my pearls.

Verse 3:

What I nev-er did is done. 3. A pen-ny for my thoughts, oh no,___ I'll sell___ them for a dol-lar.

They're worth so much more af - ter I'm a gon - er. And___

may - be then you'll hear the words___ I've been sing - ing.

Fun - ny, when you're dead how peo - ple start___ lis - t'nin'.___

a tempo

rit.

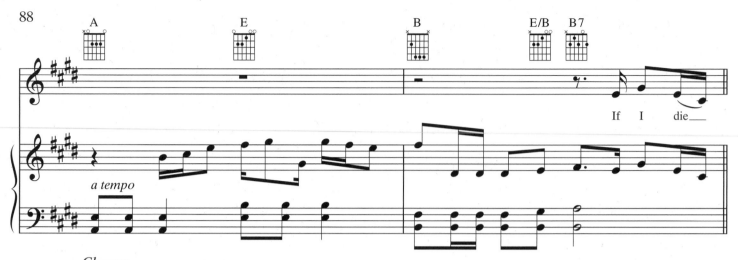

If I die___

Chorus:

young, bur-y me in sat-in, lay___ me down___ on a bed of ros-es, sink___ me in the

riv-er at dawn,___ send___ me a-way___ with the words of a love___ song. Uh

oh, the bal-lad of the dove. Go with peace___ and love.___
(Uh oh, uh oh._____)

IF WE EVER MEET AGAIN

Words and Music by
TIM MOSLEY, JAMES WASHINGTON
and MIKE BUSBEE

Verse 1 (sing 1st time only):

1. What's some-bod-y like you do-in' in a place like this?

Verse 2 (sing 2nd time only):

2. Do you come here much? I swear I've seen your face be-fore. (Be-

Say, did you come a-lone, or did you bring all your friends?

fore, yeah.)

Hope you don't see me blush, but I can't help but want you more,

If We Ever Meet Again - 8 - 1

Chorus 3:

D.S. % al Coda

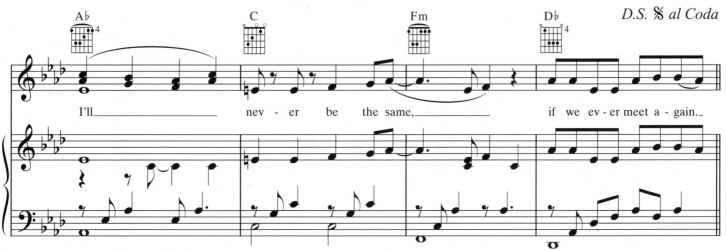

I'll_____ nev - er be the same,_____ if we ev - er meet a - gain._____

⊕ Coda

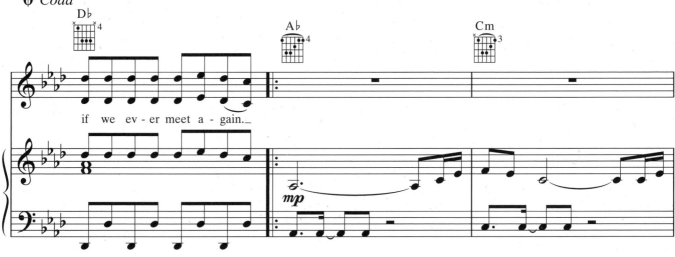

if we ev - er meet a - gain.___

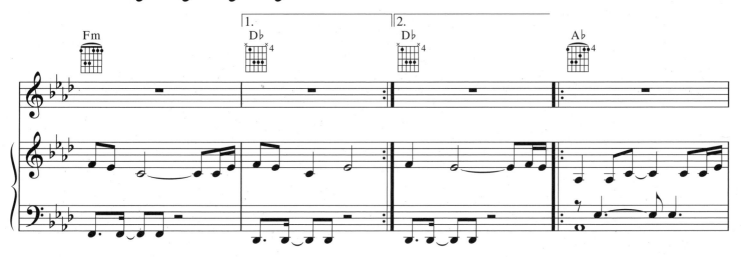

LIFE AFTER YOU

Words and Music by
CHAD KROEGER, JOEY MOI,
BRETT JAMES and CHRIS DAUGHTRY

Life After You - 7 - 1

Know there's no life af-ter you,_____ I know there's no life af-ter you,_____ yeah._____

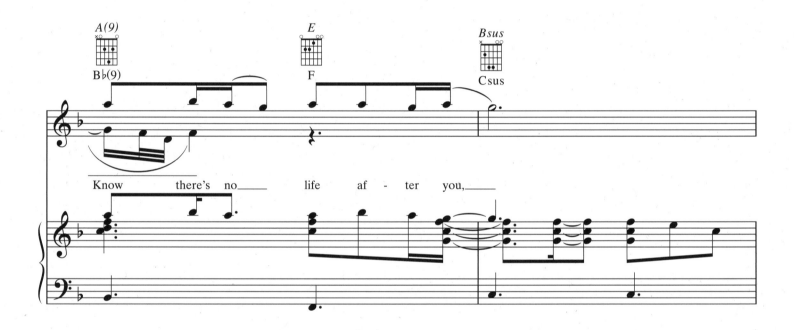

Know there's no_____ life af-ter you,_____

Freely

yeah._____

LOVE IS YOUR COLOR

(from *Sex and the City 2*)

Words and Music by
CLAUDE KELLY, MICHAEL MENTORE
and SALAAM REMI

Love Is Your Color - 7 - 1

Chorus:

108

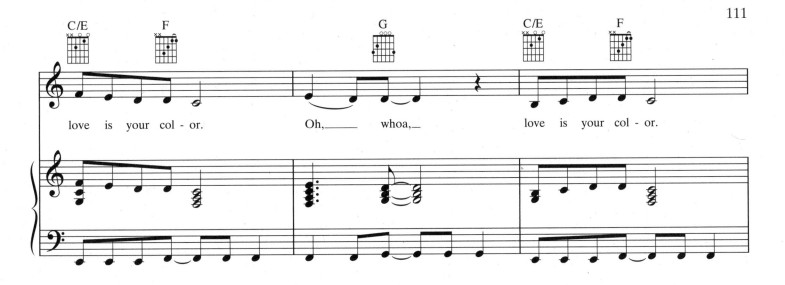

love is your col-or. Oh,_____ whoa,_____ love is your col-or.

Oh,_____ whoa,_____ love is your col-or. Oh,_____ whoa,_____ whoa._____

...end vocal ad lib.)

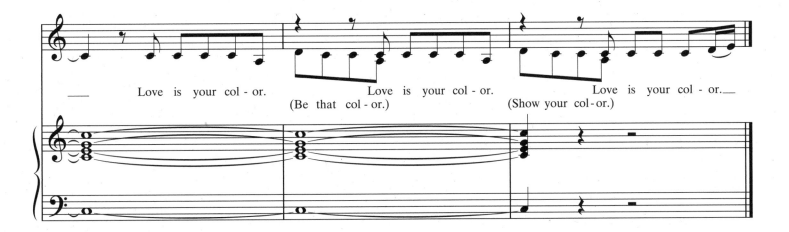

_____ Love is your col-or. Love is your col-or.
(Be that col-or.)

Love is your col-or._____
(Show your col-or.)

MISERY

Words and Music by
SAM FARRAR, ADAM LEVINE,
JESSE CARMICHAEL, MICHAEL MADDEN
and JAMES VALENTINE

Moderately slow ♩ = 104

Oh, yeah.___

Oh, yeah.

Verse 1 (sing 1st time only):

1. So scared of break-in' it, but you won't let it bend.___

Verse 2 (sing 2nd time only):

2. Your salt-y skin and how_ it mix-es in___ with mine;___

(tacet 2nd time - - - - - - - - - - - - -) *tutti*

Misery - 7 - 1

let me___ be,___ and I'll set you___ free,___ oh, yeah.

let me___ be, and I'll set you___ free._____

cresc.

𝄋 *Chorus:*

I am in mis - er - y._____ There

f

ain't no - bod - y who can com - fort___ me,_____ oh, yeah.____

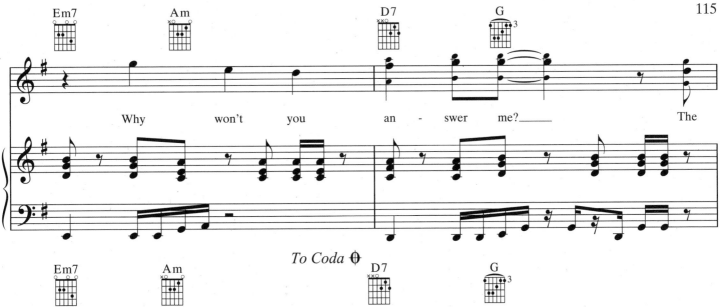

Why won't you an - swer me?_____ The

To Coda ⊕

si - lence is slow - ly kill - ing_____ me, oh, yeah.

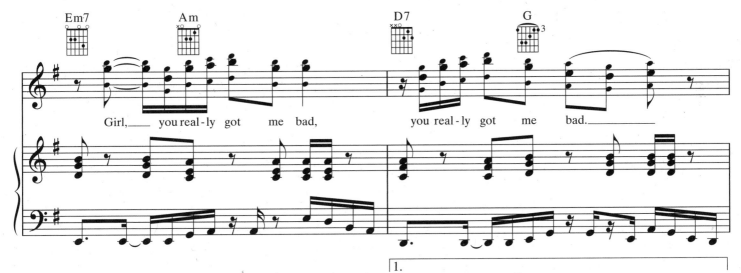

Girl,_____ you real - ly got me bad, you real - ly got me bad._____

1.

I'm gon - na get you back, gon - na get you back, yeah._____

D.S. % al Coda

Coda

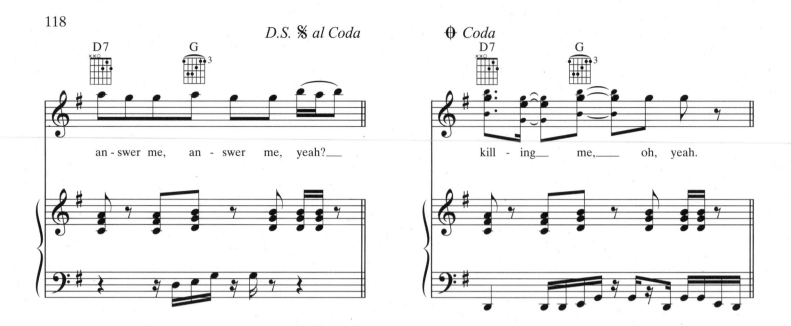

an - swer me, an - swer me, yeah?___

kill - ing___ me,___ oh, yeah.

Outro:

Girl,___ you real - ly got me bad,

you real - ly got me bad.___

Repeat and fade

I'm gon - na get you back,

now wan - na get you back, yeah.

NEED YOU NOW

Words and Music by
**DAVE HAYWOOD, CHARLES KELLEY,
HILLARY SCOTT and JOSH KEAR**

*Alternate between open G and A on the 3rd string.

Need You Now - 7 - 1

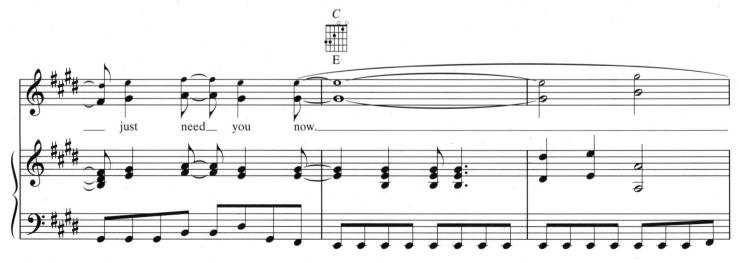

Female:

Oh,— ba— by, I need— you now.—

NEUTRON STAR COLLISION
(Love Is Forever)

Words and Music by
MATTHEW BELLAMY

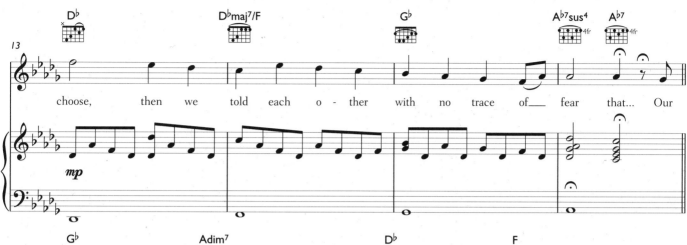

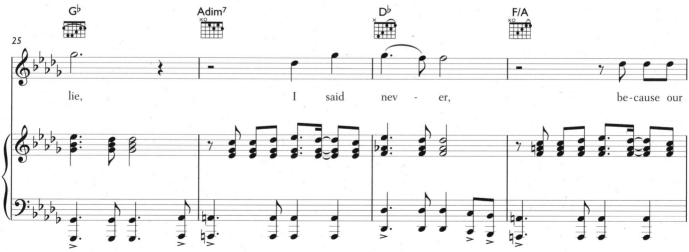

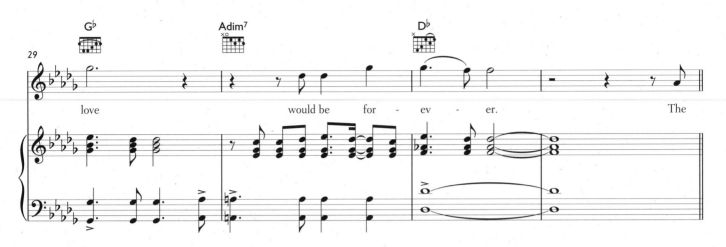

love would be for-ev-er. The

world is bro-ken, ha-los fail to

glis-ten, you tried to make a dif-f'rence but

no-one wants to lis-ten. Hail, the
Now I've got

THE ONLY EXCEPTION

Words and Music by
HAYLEY WILLIAMS and JOSH FARRO

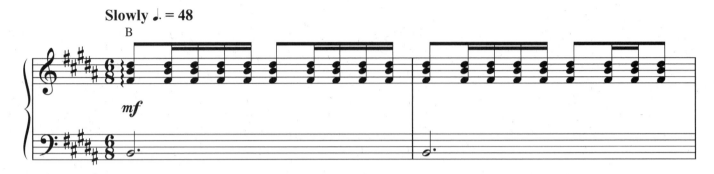

The Only Exception - 8 - 1

Verse 1 (sing 1st time only):

1. When I was youn-ger, I saw my dad-dy cry____ and curse at the wind._

Verse 2 (sing 2nd time only):

(2.) may-be I know some-where deep in my soul____ that love nev-er lasts._

____ He broke his own heart, and I watched as he tried to re-

____ And we've got to find__ oth-er ways__ to make it a-lone,_

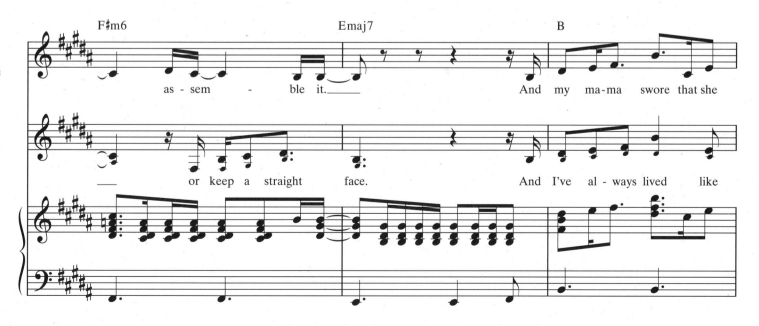

as-sem-ble it.____ And my ma-ma swore that she

____ or keep a straight face. And I've al-ways lived like

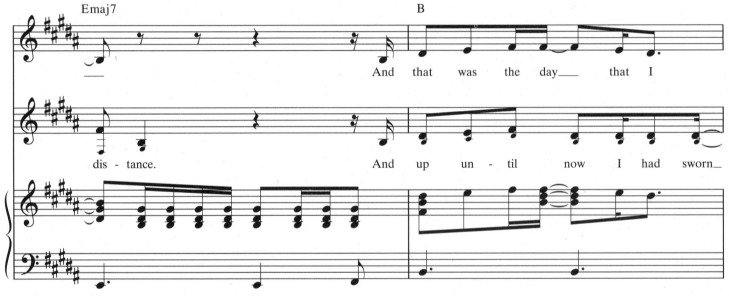

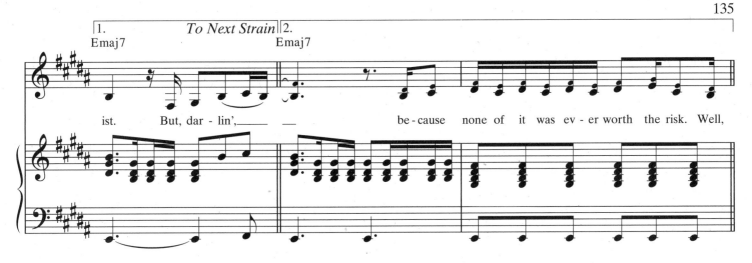

ist. But, dar - lin',_____ _ be - cause none of it was ev - er worth the risk. Well,

Chorus:

(sing harmony 2nd time)
you are_____ the on - ly ex - cep - tion. Well,

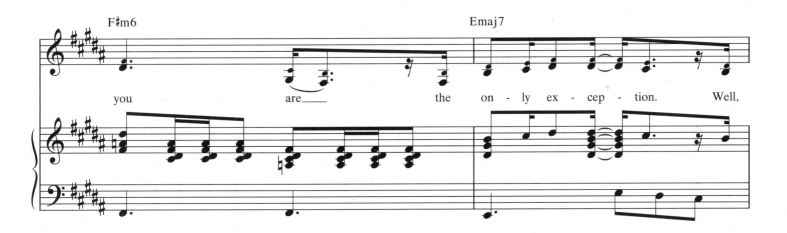

you are_____ the on - ly ex - cep - tion. Well,

you are_____ the on - ly ex - cep - tion. Well,

The Only Exception - 8 - 4

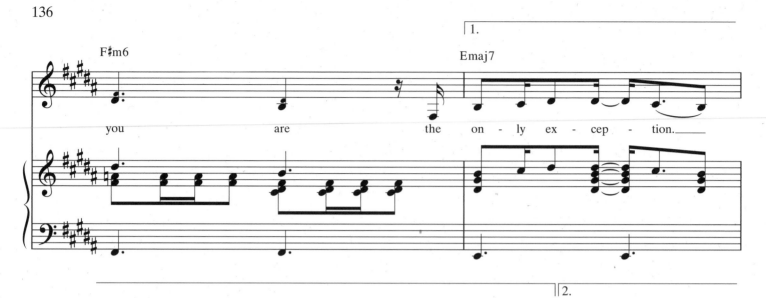

Chorus:

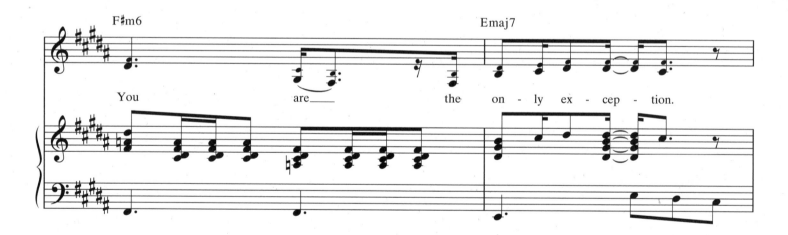

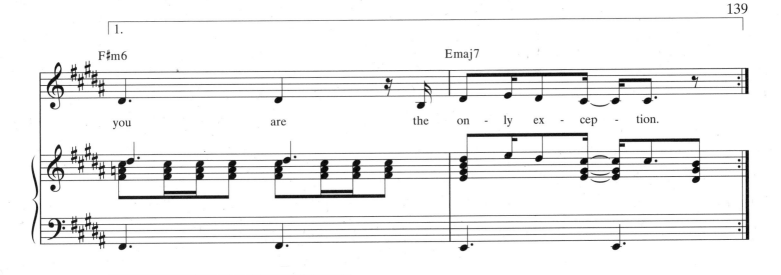

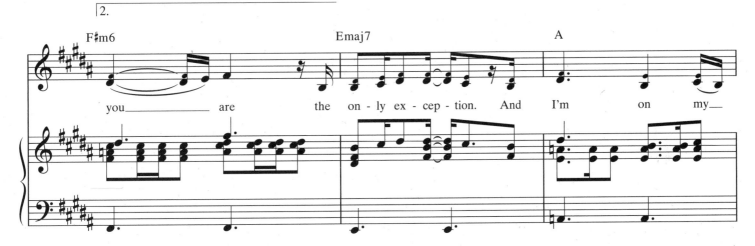

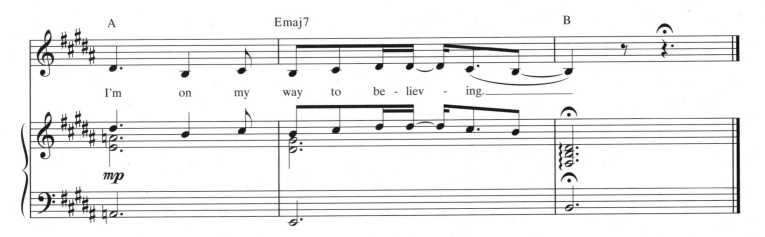

OUR KIND OF LOVE

Words and Music by
DAVE HAYWOOD, CHARLES KELLEY,
HILLARY SCOTT and MIKE BUSBEE

Moderate country rock ♩ = 108

Verse 1 (sing 1st time only):

Male: 1. You wear your smile like a sum-mer sky, just shin-ing down on me and you.__

Verse 2 (sing 2nd time only):

2. Skip-pin' rocks and__ leav-in' foot-prints down there on the riv-er-bank. **Both:**

I swear, your heart is a free-bird on a

M: And al-ways hold-ing hands, nev-er mak-ing plans, just__ **Both:**

Chorus:

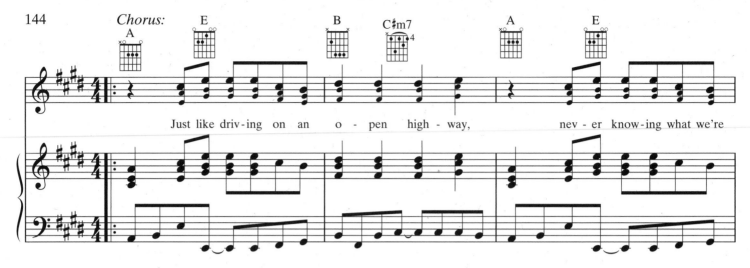

Just like driv-ing on an o-pen high-way, nev-er know-ing what we're

gon - na find.___ Just like two kids, ba - by, al - ways try'n' to live it up,

whoa,___ oh.___ **F:** Oh,___ yeah.___ whoa,___ yeah,

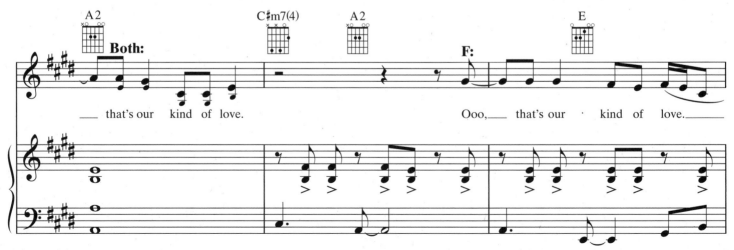

___ that's our kind of love. Ooo,___ that's our kind of love.___

Oh,＿ that's our kind of love.＿

One! Two! Three! Woo!
(Spoken:) Here we go!

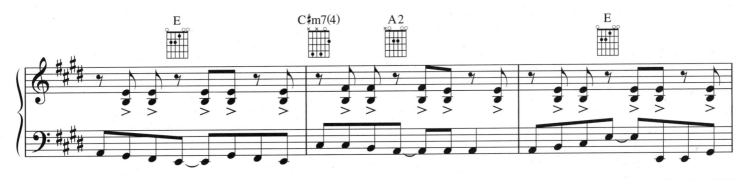

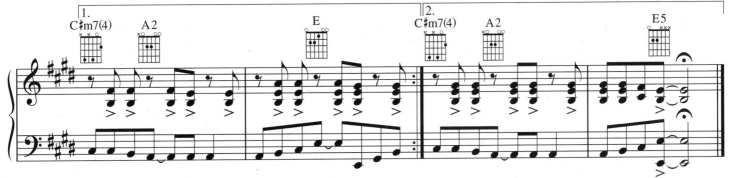

PYRAMID

Words and Music by
DAVID JASSY, LYRICA ANDERSON,
JOACIM PERSSON, NICLAS MOLINDER
and JOHAN ALKENAS

Moderately slow ♩ = 88

(with pedal)

Male: Shaw-ty's love is like a pyr-a-mid,___ we stand to-geth-er till the ver-y end.___ There'll

*All vocals written at concert pitch.

Pyramid - 8 - 1

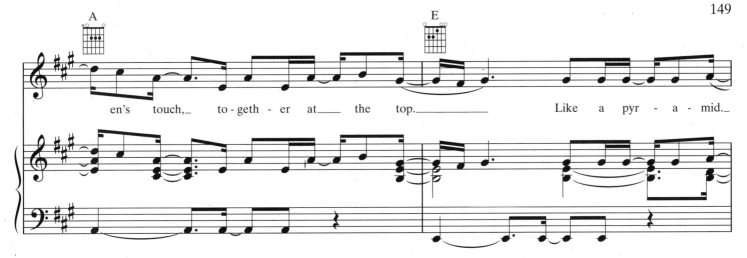

en's touch,_ to - geth - er at_ the top._ Like a pyr - a - mid._

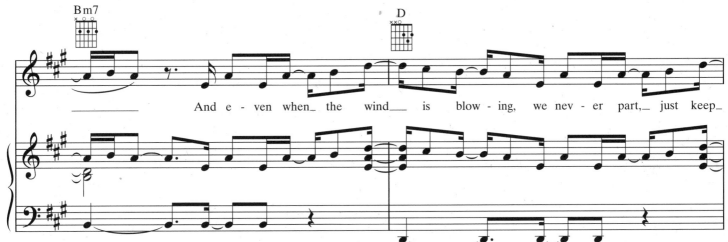

_ And e - ven when_ the wind_ is blow - ing, we nev - er part,_ just keep_

_ on go - ing. For - ev - er we_ will stay._

_ Like a pyr - a - mid._

M: Like a pyr - a - mid, like a pyr - a - mid, hey.

Four walls of love, pack - ing more than e - nough, hold - ing

on to one an - oth - er, be the cov - er when it's rough.

Moth-er Na - ture or dis - as - ter, won't stop our hap-py ev - er af - ter.

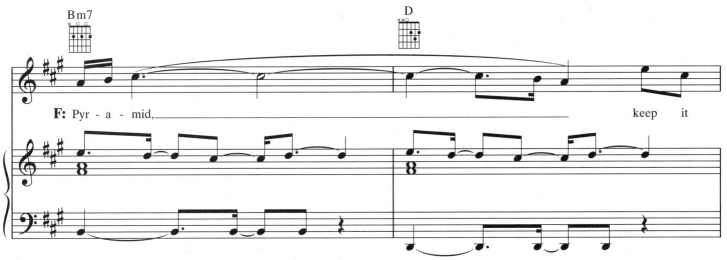

F: Pyr - a - mid,_____ keep it

RHYTHM OF LOVE

Words and Music by
TIM LOPEZ

Verse 1:

1. My head is stuck in the clouds.

She begs me__ to come down, says, "Boy, quit fool - in' a-round."__

__ I told her, "I love the view__ from up here,

156

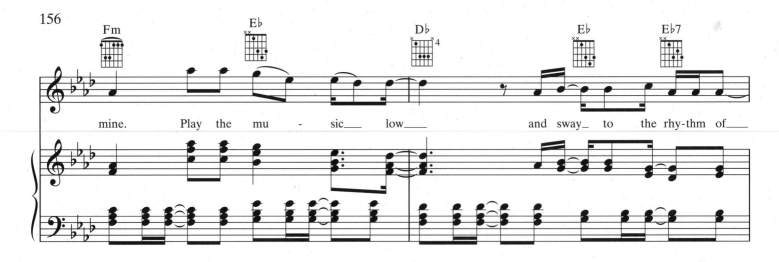

mine. Play the mu - sic___ low___ and sway_ to the rhy-thm of___

___ love.

Verse 2:

2. Well, my heart beats_ like a drum, a gui - tar string_ to the strum, a

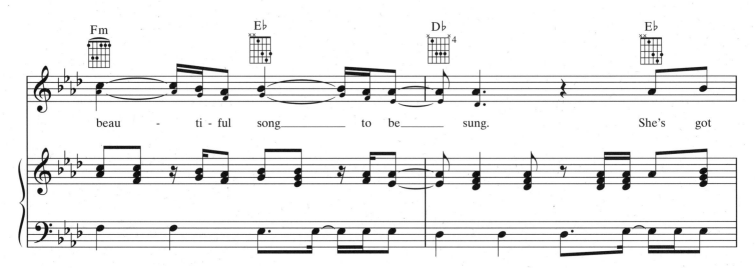

beau - ti - ful song_____ to be_____ sung. She's got

Rhythm of Love - 8 - 3

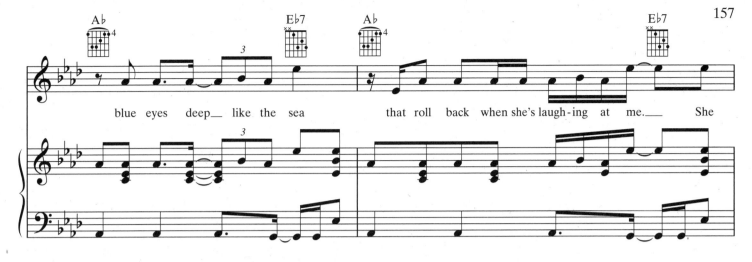

blue eyes deep___ like the sea that roll back when she's laugh-ing at me.___ She

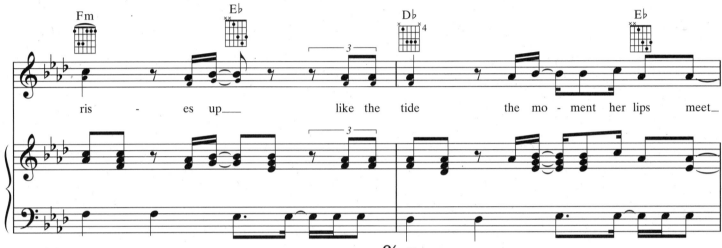

ris - es up___ like the tide the mo - ment her lips meet___

𝄋 *Chorus:*

___ mine. We may on - ly have___ to - night,___

___ but 'til the morn - ing sun you're___ mine,___

Verse 3:

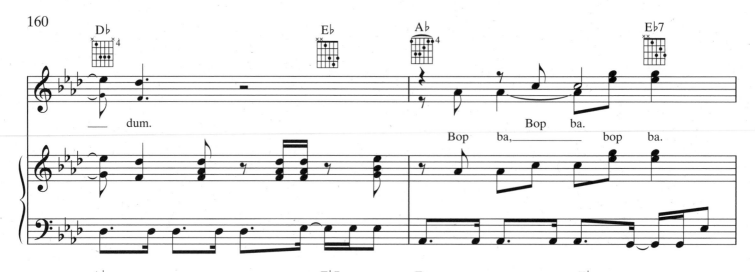

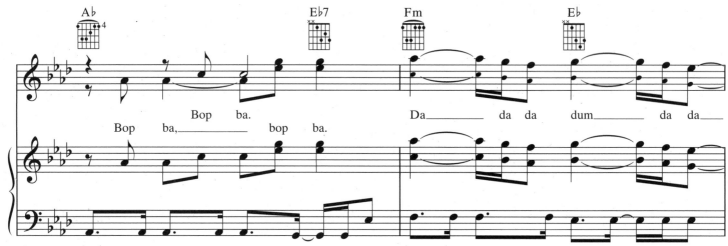

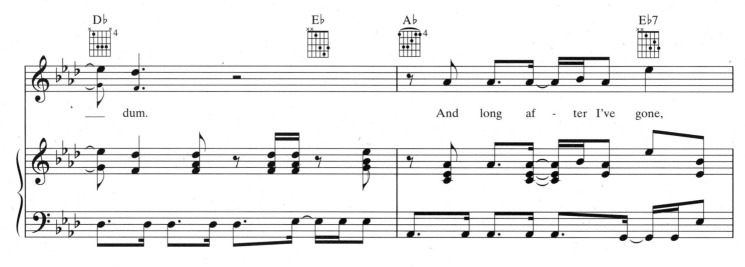

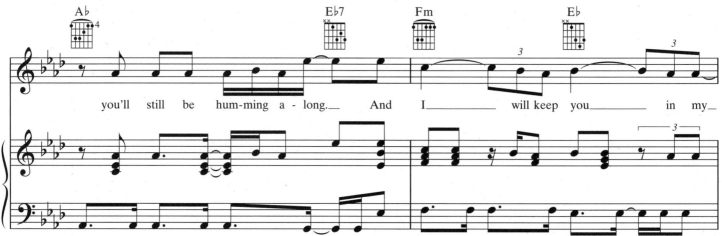

D.S. 𝄋 al Coda
D♭
E♭
A♭
N.C.
mind, the way you make love so fine. We may
𝄌 Coda
A♭
E♭7
Fm
E♭
love. Oh, play the mu - sic low
D♭
E♭
E♭7
A♭
E♭7
and sway to the rhy - thm of love.
A♭
E♭7
A♭
E♭7
A♭
Yeah, sway to the rhy - thm of love.

SMILE

Words and Music by
MATTHEW SHAFER, BLAIR DALY,
J.T. HARDING and JEREMY BOSE

Smile - 6 - 1

Verses 1 (cont.) & 2:

Chorus:

like a rec-ord, cra-zy on a Sun-day night._____ You make__ me dance__

like a fool, for-get__ how to breathe, shine__ like gold, buzz__ like a bee.

1.

Just the thought_of you__ can drive_ me wild.__ Oh,__ you make__ me

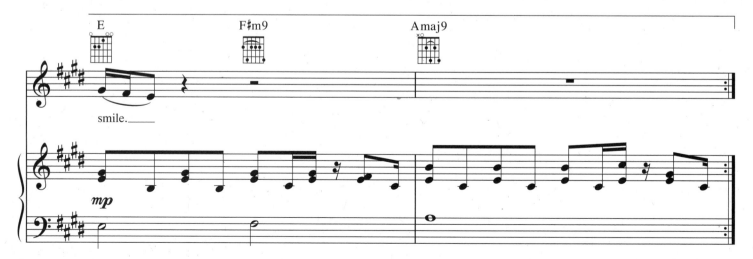

smile._____

___ like gold, buzz_ like a bee. Just the thought_of you_ can drive_ me wild.__

Chorus:

___ You make_ me smile__ like the sun, fall__ out of bed, sing__

___ like a bird, diz-zy in my head, spin__ like a rec-ord, cra-zy on a Sun-day night._

_____ You make_ me dance_ like a fool, for-get__ how to breathe, shine__

Smile - 6 - 5

SOMEBODY TO LOVE

Words and Music by
JEREMY REEVES, JONATHAN YIP,
RAY ROMULUS, JUSTIN BIEBER
and HEATHER BRIGHT

*All vocals written at pitch.

Somebody to Love - 7 - 1

find me some-bod - y to love,___ oh.___

Love, love, love, love, love. I need some-bod - y to love.___

I just need some - bod - y to love.___ *(Lead vocal ad lib....)*
I need some - bod - y. I need some - bod - y, uh,

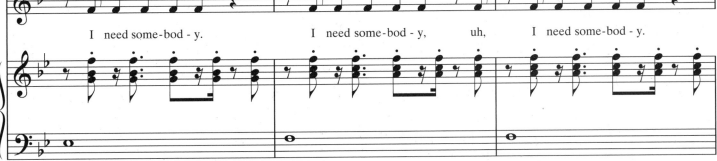

I need some-bod - y. I need some-bod - y, uh, I need some-bod - y.

SUMMER DAY

Words and Music by
SHERYL CROW, DOYLE BRAMHALL II
and JUSTIN STANLEY

Moderately slow ♩ = 84

Na na___ na na na na.___ Na na___

na na___ na na.___ Na na___ na na___ na na.___

Na na___ na na na na.

Verse:

1. Ev - 'ry lit - tle thing   that I felt that day,
2. Did you ev - er think   you knew ev - 'ry - thing?

Summer Day - 7 - 1

TEMPORARY HOME

Words and Music by
CARRIE UNDERWOOD, LUKE LAIRD
and ZAC MALOY

Temporary Home - 6 - 1

And he whis - pers, "Don't cry for me___ I'll see___ you all___ some day."___

___ He looks up___ and says,___ "I___

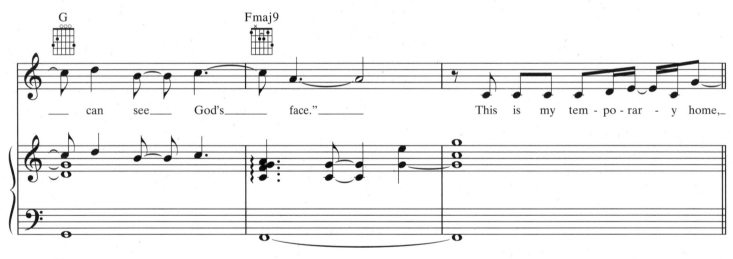

___ can see___ God's___ face."___ This is my tem - po - rar - y home,

Chorus:

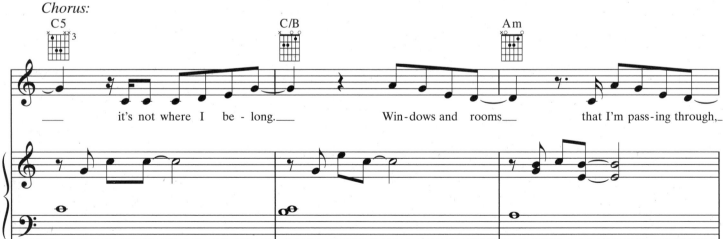

___ it's not where I be - long.___ Win - dows and rooms___ that I'm pass - ing through,___

this was just __ a stop __ on the way to where __ I'm go - ing. __ I'm not a-fraid __

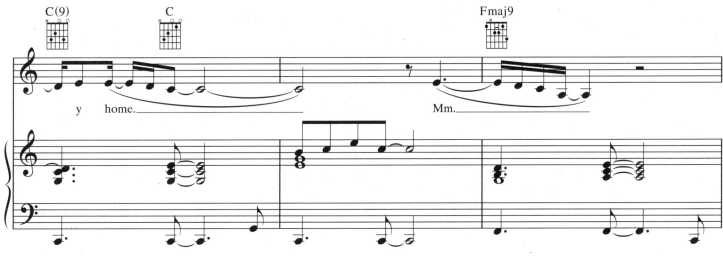

__ be - cause __ I know __ this was my __ tem - po - rar -

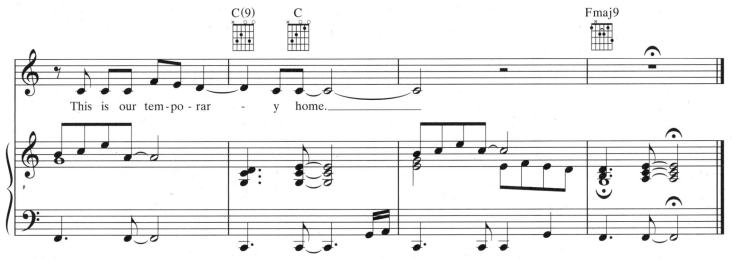

y home. __ Mm. __

This is our tem-po-rar - y home. __

THIS TOO SHALL PASS

Words and Music by
DAMIAN JOSEPH KULASH, JR.
and TIMOTHY NORDWIND

Moderately slow ♩ = 80

(Ooh. _____) 1. You know, you

Verse 1 (sing first time only):

can't keep let-tin' it get you down, and you can't keep drag-gin' that dead weight a-round.

Verse 2 (sing second time only):

kids from danc-in', why would you want to, es-pe-cial-ly when you're al-read-y get-tin' yours?

If there ain't all that much to lug a-round, bet-ter

'Cause if your mind don't move and your knees don't bend, well,

run like hell___ when you___ hit the ground.___ (Ooh._____

don't go blam-in' the kids___ a-gain.

Chorus:

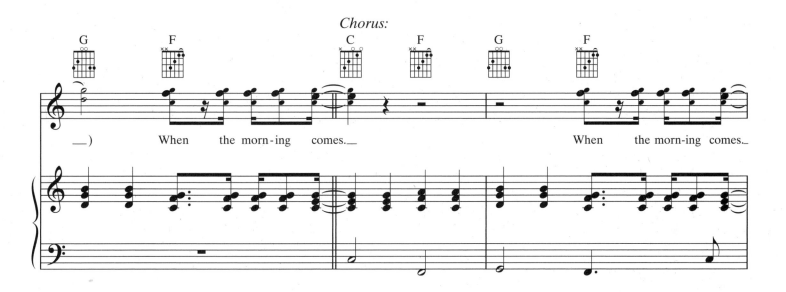

___) When the morn-ing comes.___ When the morn-ing comes.___

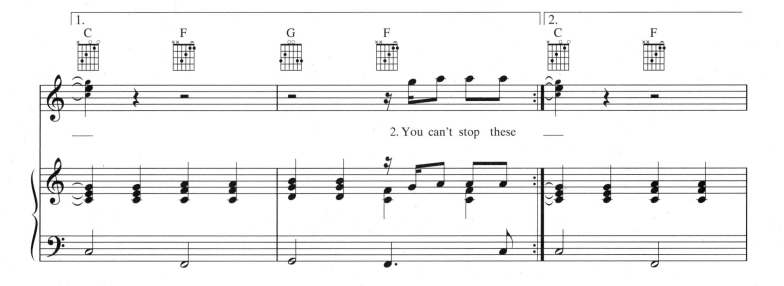

___ 2. You can't stop these ___

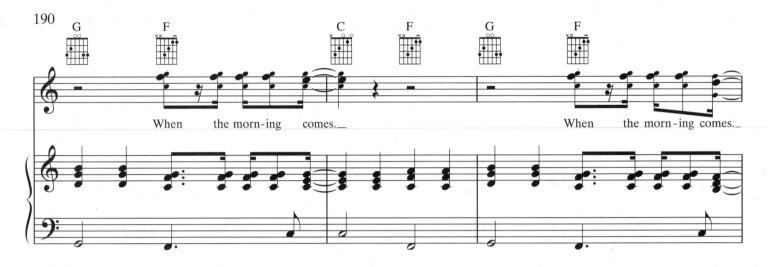

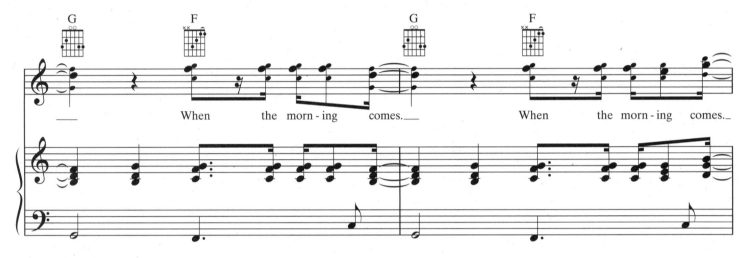

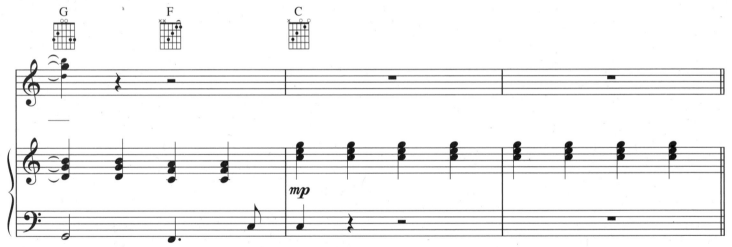

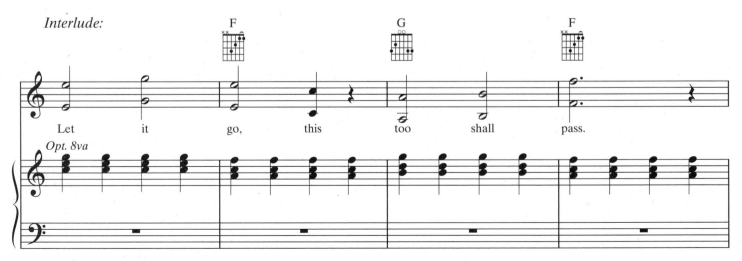

When the morn-ing comes._

can't_ keep let-tin' it get_ you down. You can't_ keep let-tin' it get_ you down. You

When the morn-ing comes._

can't_ keep let-tin' it get_ you down. You can't_ keep let-tin' it get_ you down. No, you

When the morn-ing comes.__

can't__ keep let-tin' it get__ you down.)

This Too Shall Pass - 6 - 6

TEENAGE DREAM

Words and Music by
KATY PERRY, LUKASZ GOTTWALD,
MAX MARTIN, BEN LEVIN and BONNIE MCKEE

Bridge:

UNDO IT

Words and Music by
CARRIE UNDERWOOD, KARA DIOGUARDI,
MARTI FREDERIKSEN and LUKE LAIRD

wan-na uh-uh-uh-uh-uh-un-do it. You had my heart, now I want it back. I'm

start-ing to see____ ev-ery-thing you lack.____ Boy you blew it. You put me through it. I

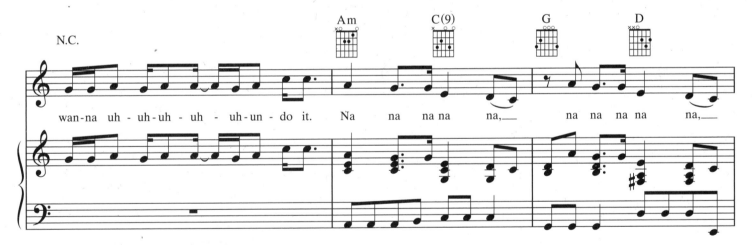

wan-na uh-uh-uh-uh-uh-un-do it. Na na na na na,____ na na na na na,____

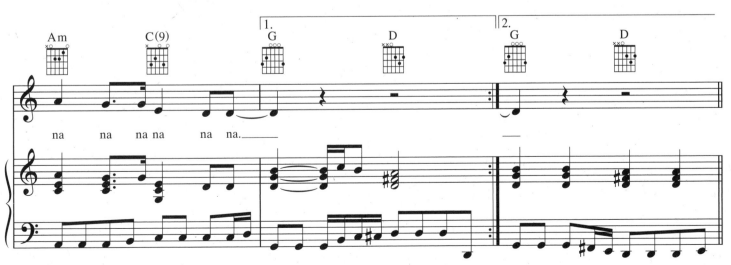

na na na na na na.____

Bridge:

Undo It - 5 - 5

WE ARE THE WORLD 25 FOR HAITI

Words and Music by
MICHAEL JACKSON and LIONEL RICHIE

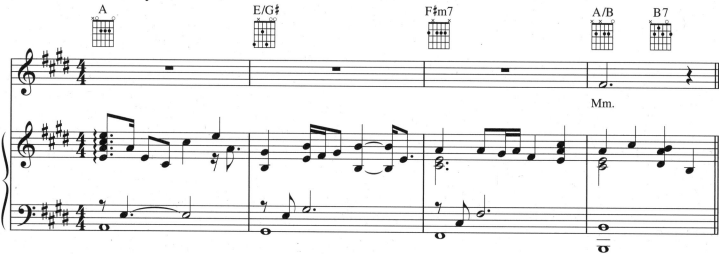

We Are the World 25 for Haiti - 12 - 1

Verse 1:

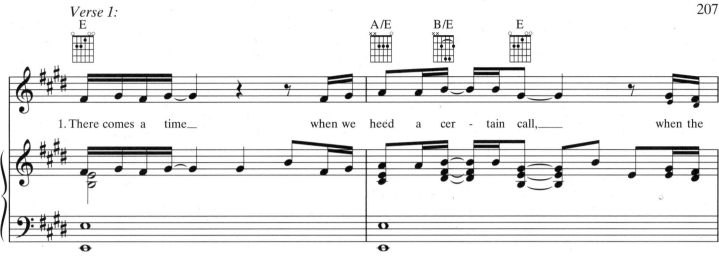

1. There comes a time___ when we heed a cer - tain call,___ when the

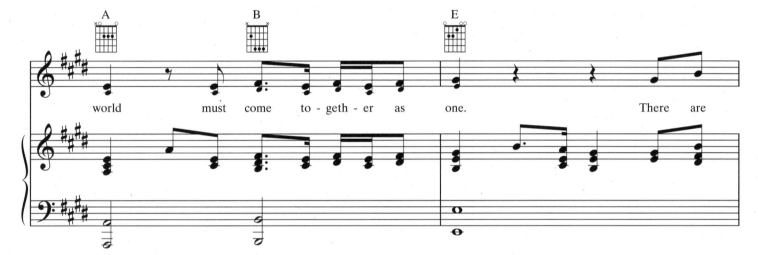

world must come to - geth - er as one. There are

peo - ple dy - ing. Oh, and it's time___ to lend a hand to life,___

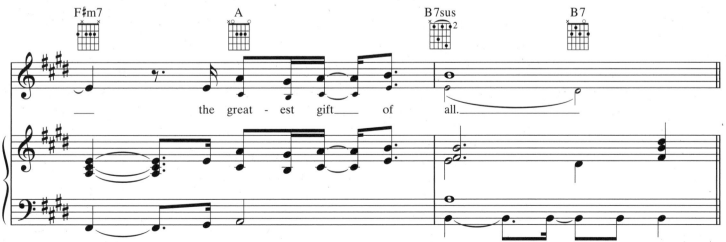

___ the great - est gift___ of all.___

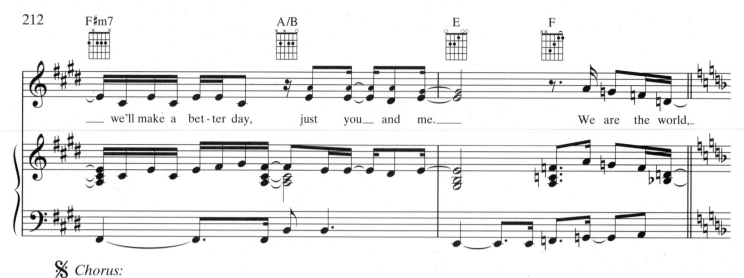

we'll make a bet-ter day, just you__ and me.__ We are the world,__

𝄋 *Chorus:*

we are__ the chil - dren.__ We are the ones_

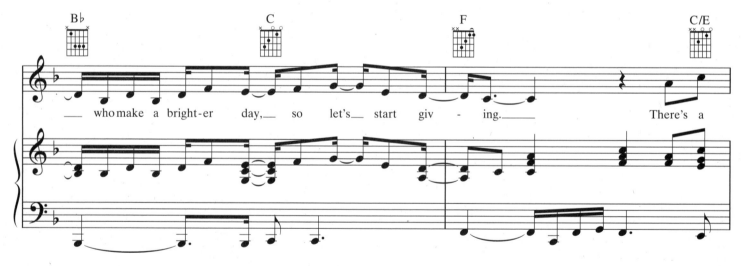

who make a bright-er day,__ so let's__ start giv - ing.__ There's a

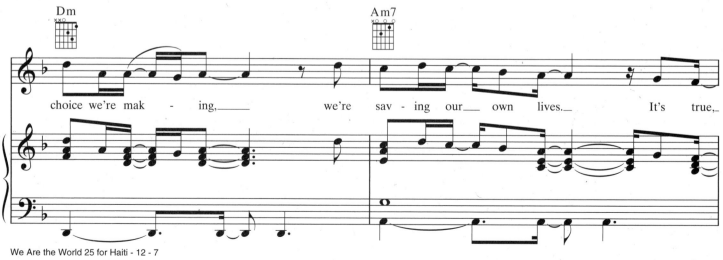

choice we're mak - ing,__ we're sav - ing our__ own lives.__ It's true,__

216

Rap:
We all need somebody that we can lean on,
When you wake up, look around and see that your dream's gone.
When the earth quakes, we'll help you make it through the storm,
When the floor breaks, a magic carpet to stand on.
We are the world, united by love so strong,
When the radio isn't on, you can hear the song.
A guided light on the dark road you're walking on,
A sign post to find the dreams you thought was gone.
Someone to help you move the obstacles you stumbled on,
Someone to help you rebuild after the rubble's gone.
We are the world, connected by a common bond,
Love, the whole planet singing along.
(To Chorus:)

WHEN I LOOK AT YOU

Words and Music by
HILLARY LINDSEY and JOHN SHANKS

*Original recording in F♯ major.

When I Look at You - 6 - 1

when the night's_____ so long._____ 'Cause there is no_____

like the stars hold_____ the moon_____ right there where

_____ guar-an - tee_____ that this life is eas - y._____ Yeah, when_____

they be - long,_____ and I know I'm not a - lone._____ Yeah, when_____

Chorus:

my_____ world is fall - ing a - part,_____ when there's no_____ light to break_____

Bridge:

You ap-pear just like a dream to me, just like ka-
lei - do-scope col - ors that cov - er me, all I need, ev - 'ry breath_ that I breathe,
don't you know_ you're beau - ti - ful.